AF295912

LETTRES

SUR

LE BUDGET,

ADRESSÉES

A M. LEPOITEVIN SAINT-ALME,

Rédacteur en chef du *Corsaire-Satan*,

PAR M. GOUPY.

(MAI 1846.)

Paris,

IMPRIMERIE DE Mme DE LACOMBE,

RUE D'ENGHIEN, 12.

1846.

PREMIÈRE LETTRE.

—

(20 mai 1846.)

—

Attendez-vous de la chambre des députés quelque réduction dans nos dépenses ? Pour moi, après le rapport de la commission qui blâme à chaque page, et finit par trouver dans 1,500 millions, 430,377 fr. à ôter, je crois que nous ne ferons pas mal de chercher un peu nous-mêmes — comme si ces messieurs ne cherchaient point.

Encore si les dépenses extraordinaires qui se sont tant multipliées chaque année avaient augmenté les revenus dans une proportion soutenable ? mais point. Depuis l'invention de ces crédits *extra*, les travaux publics ont absorbé ainsi 825,176,861 fr. Ils menacent, dans leurs aperçus, d'absorber encore 303,204,139 fr., et nous n'avons pour tout cela que quelques centaines de mille francs de péages. J'allais dire : et la restitution du prix du chemin de fer du Nord. Mais qu'est-ce qu'une restitution de 120 millions faite au trésor, au moyen de plus de 200 millions pris au public ? Pas autre chose qu'une imposition de plus.

Je n'étudierai pas, comme la commission, si un pauvre agrégé, un pauvre vicaire ne peut pas vivre avec 500 fr., au lieu de 600 fr.; si tel ou tel bureau ne peut pas aller avec neuf expéditionnaires au lieu de dix ; si tel ou tel administrateur ne s'attribue pas sans titre quatre ou cinq voies de bois par hiver. Je tiens la lésinerie pour indigne d'un homme à son aise, à plus forte raison d'un grand peuple :

Exilis domus est ubi non et plura supersunt,
Et dominum fallunt et profunt furibus.

Je ne m'occuperai ni de la justice, ni des affaires étrangères, ni de l'instruction publique, ni de l'intérieur, où les abus n'en valent pas la peine ; ni de la guerre et de la marine, où la question n'est pas d'économiser, puisque ce sont des métiers destructeurs et gaspilleurs par destination, mais de savoir seulement s'il est nécessaire de tant dépenser pour faire peur, quand on est résigné à recevoir les horions de tout le monde, en vrai philosophe qui sait bien le prix de la paix, le néant des satisfactions d'amour-propre. Je laisserai même les travaux publics, bien que la Chambre ait encore ajouté à ceux dont j'ai dit plus haut le chiffre, je suppose qu'on reviendra de soi-même à n'en voter autant que possible que de productifs. Mais j'ai sur le ministère du commerce et de l'agriculture où presque rien n'est fait, sur celui des finances où toutes les dépenses qu'on pourrait éviter sont incontestablement une perte sèche, où toute faute, soit dans l'assiette des impôts, soit dans les opérations du crédit, soit dans la façon de les clore, est pour l'État une cause positive, ou de ruine ou d'impuissance, quelques idées, que je suis étonné que personne n'ait publié ou ne publie. Je vous les indiquerai dans deux ou trois lettres. Vous verrez qu'il est facile d'arriver, sans couper les vivres aux serviteurs de l'État, à des économies un peu différentes de celles de la commission.

Dette publique.

Depuis qu'on parle de réduire le 5 0/0, nos deux chambres ont toujours été en désaccord, et bien que le droit de rembourser, droit nécessaire pour réduire, résulte et du droit commun et de la loi de 1793, où le mot de remboursement est sept fois, la loi de 1825, où nulle menace de remboursement ne fut faite aux rentiers pour les amener à convertir, est un exemple en faveur de ceux qui restent. La chambre des pairs est donc fondée à vouloir le suivre en ne faisant rien que de leur consentement libre, et il n'y a qu'un moyen de décider la question, si on veut la décider : C'est de faire nommer, comme on fait en pareil cas en Angleterre, par les deux chambres, un nombre égal de commissaires pour chaque, et de s'en rapporter à ce qui sera voté par cette commission mixte. Mais comme avoir un droit n'est pas une obligation d'en user si on n'y trouve pas d'avantage, et comme la question d'utilité prime sous ce rapport celle du droit, les chambres n'ont pas à prendre la peine de vider cette dernière. Car il n'y a pour l'Etat dans la mesure que dommage, point d'utilité. En effet, que produirait-elle, non pas bornée à 1/2 0/0, comme l'ont proposé MM. les députés (si mesquine; elle est trop aisée à battre) mais portée à tout ce que permet le taux des autres valeurs publiques, c'est-à-dire puisque ce taux est 4, à 1 0/0? 30 millions à payer de moins annuellement, mais 720 millions de capital de moins dans la richesse publique. Car ces 30 millions annuels sont représentés à 120 par des titres circulants pour le capital que je dis. Or, ce capital circulant, non-seulement facilite d'autant les affaires, mais encore augmente d'autant par sa présence le prix des autres valeurs. Il y a donc inconvénient pour l'Etat à le détruire, tandis qu'il est indifférent pour lui que 30 millions soient dépensés par 7 millions d'individus, ou payés par ces 7 millions d'individus à cent mille qui les dépensent. Et qu'on ne me dise pas que ce n'est pas indifférent à ceux qui paient ; s'ils s'en plaignaient, ce serait par ignorance. Tous paient, mais tous gagnent aussi à ce que la fortune publique ne soit pas diminuée. Tous, c'est l'Etat.

Voici ce qui a fait jusqu'ici l'erreur des partisans de la réduction. En général, on ne médite pas assez. On n'a vu dans le service des rentes qu'un impôt. Tout est profit quand on supprime un impôt, il n'y a point de titre, point de capital. Mais on détruit des titres, c'est-à-dire, je le répète, des capitaux, quand on cesse de payer des rentes.

Voilà qui est, je crois, bien démontré; il n'y a que perte à réduire. Il n'y a non plus que perte à en menacer sans cesse. Rien n'arrête plus que cela le crédit public.

Mais il ne sort pas de là, comme le voudraient quelques adversaires de la mesure, que ce fonds doive être déclaré irremboursable sans condition. Sa hausse ferait un nouveau capital à quelques-uns aux dépens de tous, et ce que je viens de dire, uniquement parce qu'il est désormais formé, de tout le capital entre 100 et le cours du jour, n'empêche pas qu'il ne fût absurde autant qu'injuste d'en laisser former un nouveau au profit des rentiers seuls. Ce qu'il faut, c'est ou le faire disparaître en lui substituant d'autres effets qui ne fassent rien perdre à ses porteurs, ou faire en sorte que s'il monte encore, le Trésor en ait le profit.

DEUXIÈME LETTRE.

(22 mai 1846.)

Dette publique (SUITE).

Pour retirer le 5 0/0 au moyen d'un fonds nouveau et d'un appoint en autres valeurs, le meilleur fonds à créer est du 3 1/2. Son prix probable, de 95 à 96, est près du pair, mais au-dessous, et par conséquent susceptible d'une certaine élasticité, sans que l'État puisse perdre plus de 4 0/0 à l'amortir.

De 3 fr. 50 de rente valant 96, à 5 fr. de rente valant 120, il y a 24. C'est donc une jouissance temporaire assez forte pour représenter 24 plus 4 1/4 d'intérêt par an pendant sa durée (le 5 0/0 à 120 donne 4 1/4) qu'il faut trouver dans quelque création nouvelle pour l'offrir aux rentiers en échange de 1 1/2 0/0. Les chemins de fer présentaient, l'année dernière, ce moyen d'échange. On l'a laissé échapper, et ce qui se passe prouve assez le tort qu'on a eu. La propriété peut y suppléer, et la prospérité publique y gagner encore davantage.

Nous avons en France (je parlerai en nombres ronds pour moins fatiguer le lecteur) 75 milliards de propriétés foncières donnant 3 milliards de revenu, payant 280 millions d'impôts fonciers et grevés de 12 milliards d'hypothèques, dont l'intérêt moyen est, à 5 0/0 au moins, 600 millions. D'un autre côté, nous avons en 5 0/0 150 millions de rente, capital 3 milliards. Ce sont d'assez grosses sommes, le crédit public a assez de supériorité sur le crédit de la propriété, et la moindre différence monte assez haut sur des dénominations de cette force pour que nous fussions bien maladroits si nous n'en savions pas tirer parti.

— Créons 140 millions seulement de rente 3 1/2, capital 4 milliards, un de plus que la dette en 5. Donnons-en 105 millions et demi aux porteurs de 5, pour valeur à 95 de leur capital de 3 milliards. Dotons avec le reste, c'est-à-dire avec 34 millions et demi de rente représentant à 95—936 millions et demi, une grande caisse gouvernementale immobilière, qui les distribuera sur hypothèques solides et à l'intérêt de 4 1/2 à qui les lui demandera, contre 17 annuités égales au plus à la moitié de la cote foncière de chaque emprunteur, et exigibles par privilége sur toute autre créance, par les mêmes moyens que l'impôt.

Nos 936 millions et demi ainsi distribués en entier (et il est probable qu'ils seront pris ; 4 1/2 pour des emprunteurs vaut mieux que 5) nous aurons, pendant 17 ans, 80 millions d'obligations de cette nature, et il ne nous en faudra céder que 60 millions à nos rentiers pour leur faire leurs 24 0/0 de trois milliards, c'est-à-dire 720 millions.

Le Trésor aura donc gagné d'abord 10 millions de rente, puis pendant 17 ans 20 millions par année, qui remployés jusqu'à la trente-neuvième, éteindront un milliard de 3 1/2. Nous ne devrons plus alors que nos trois milliards actuels de 5 0/0, en 3 1/2. 45 millions de rente auront disparu, sans amortissement, du grand livre, et Dieu sait quel développement aura donné à notre richesse agricole la caisse immobilière que je dis. On va se récrier sur la difficulté de prêter sûrement. Mais a-t-on fait attention à ce que j'ai demandé, que l'État fût privilégié pour les annuités comme pour l'impôt ?

Tous les rentiers ne voudront-ils pas changer de condition, ou n'aurons-nous pas assez de demandes d'emprunts ? Dans ces deux cas, on convertira ce qu'on aura, voilà tout. Le sort de la rente 5 0/0 restera dans l'incertitude, et les non convertis continueront de courir la chance qu'un beau jour, la chambre des pairs se lassant de les défendre, la chambre des députés leur casse le cou.

Il y a bien une autre sorte de conversion volontaire que j'ai proposée depuis trois mois à M. le ministre des finances. J'en parlerai dans un article à part, quand j'en aurai fini avec les ministères.

Suppose-t-on que ni l'une ni l'autre de mes idées ne produira de conversionss, et veut-on ne pas se punir soi-même de l'entêtement des rentiers, en arrêtant l'essor de toutes les valeurs par l'incertitude prolongée du sort de leurs rentes ? Alors, voici ce qu'il faut faire pour que leur capital s'augmente , mais ne s'augmente qu'au profit de l'Etat , non au leur.

Déclarer le 5 0[0 irremboursable et recommencer à l'amortir, quel que soit son prix, mais le frapper chaque année d'une contribution égale à la rente de ce qu'il aura gagné dans l'année précédente sur son cours moyen depuis la conversion de 1825. — Je m'explique : Les porteurs de 5 possèdent entre eux 150 millions de rente ou 3 milliards de capital faisant à 120, si c'est le cours moyen des 21 ans écoulés, 3 milliards six cent millions. Eh bien, si la déclaration d'irremboursabilité et l'action de l'amortissement réunies poussent leur prix moyen dans cette année à 140, le Trésor retiendra aux rentiers l'année prochaine la rente de 600 millions, ou 30 millions entre eux tous. Si cette retenue ne leur convient pas, ils n'ont qu'à vendre, et si à force de vendre ils empêchent la hausse, toujours est-il qu'ils ne perdront rien. Car, à moins de ces accidents extraordinaires qui renversent tous les calculs, le moindre effet de l'amortissement devra soutenir à 120. Quant à l'État, si le 5 0[0 ne monte pas, il a à l'amortir plus d'avantage qu'à amortir le 3 ; et si le 5 0[0 monte, il gagne à la redevance qu'il lève plus qu'il ne perd à la cherté de ses achats.

TROISIÈME LETTRE.

(24 mai 1846.)

—

Ministère des Travaux publics.

———

J'ai dit que je ne m'occuperais que du ministère de l'agriculture et du commerce et de celui des finances , parce qu'on reviendrait assurément de soi-même à ne plus rien voter, en fait de travaux , que de productif. Voilà assez de temps que les députés se disent mutuellement : « Passe-moi la casse , je te passerai le séné. » Il y a un terme à tout, et ce terme est de ne se plus rien passer. Seulement, ne les en remercions pas : c'est qu'il n'est pas possible d'aller plus loin.

Mais je vois de temps en temps percer l'inquiétude que les chemins , non encore concédés, ne trouvent point de concessionnaires; puis, le désir que la chambre des pairs nous sauve par un ajournement de cette nouvelle avalanche d'actions. Cela me décide à vous indiquer, pour le 5 0/0 , encore un moyen de conversion, qui fournirait à l'Etat de quoi faire, à défaut de capitalistes, ces lignes de Bordeaux à Cette, de Paris à Rennes, et autres dont la menace entretient à la Bourse une si sainte frayeur.

Tout porteur de rente 5 0/0 aurait pendant trois mois, à partir de la promulgation de la loi, la faculté de requérir du ministre des finances la conversion de son inscription 5 0/0 en 3 0/0, rente pour rente, moyennant paiement qu'il ferait de la différence entre la première à 120 et la seconde à 85.

Le produit des différences perçues serait appliqué jusqu'à concurrence, par l'État, à construire suivant son importance, soit les chemins de fer 1° de Bordeaux à Cette ; 2° de Paris à Rennes, etc., soit de plus petits.

L'amortissement suspendu sur le 5 recommencerait son action sur le 3 0/0 dans la proportion des conversions opérées.

Les produits nets de chacun de ces chemins seraient joints, à mesure d'exploitation, au fonds d'amortissement en action. Celui-ci resterait seul à agir dès que l'augmentation de capital créée par la conversion ci-dessus aurait disparu.

50 millions de 5 0/0, convertis rente pour rente,

font en 3 0/0 une création de capital nominal de	1,666,666,666
Les 1,666,666,666 à 85 valent	1,416,666,666
Le milliard à 120 vaut	1,200,000,000
L'arrosement serait donc de	216,666,666

58 millions de rente convertis ainsi suffiraient pour donner les 250 millions que doivent coûter Cette et Rennes. Il y aurait par milliard une augmentation de 666 millions, de capital nominal. Mais, avec la part d'amortissement afférente à ce qui serait converti, part qui serait dans la proportion d'une cinquantaine de millions à 3 milliards, et de plus avec le revenu de ces chemins que l'arrosement aurait fait faire, nos 3 0/0, malgré cette augmentation de leur masse, s'éteindraient plus vite qu'à présent, et redescendraient bientôt à ce qu'ils sont sans elle.

Ministère de l'Agriculture et du Commerce.

L'agriculture est trop peu aidée ; les grêles, les incendies, les inondations trop peu réparées. La vaste caisse immobilière dont j'ai parlé à propos des 5 0/0 me dispense de chercher d'autres idées pour les propriétaires terriers. Quant aux populations ruinées par l'eau, le feu, la grêle, etc., il n'y a qu'à faire de toute la France une seule et même compagnie d'assurances mutuelles, au moyen de quelques centimes ajoutés à la cote de chaque contribuable pour menus frais d'administration et de précaution, puis de quelques autres centimes qu'on y ajouterait chaque année en raison des sinistres de l'année précédente. L'Etat fesant les avances, il n'en arriverait plus de si terrible qu'il ne pût être immédiatement et magnifiquement réparé. Plus de ces aumônes arrachées aux chambres, portées au budget par charité. Tous les Français engagés par la loi à se secourir comme frères. — Quand le Trésor gagnerait à cela quelque chose, quel mal y aurait-il ? Ne payons-nous pas (ceux du moins d'entre nous qui le pouvons) bien plus à des compagnies particulières ? Mais le trésor n'y gagnera rien. Point de spéculations sur le malheur.

QUATRIÈME LETTRE.

(26 mai 1846.)

Budget des Dépenses.—Ministère des Finances.

Les dépenses d'administration centrale de ce ministère comportent beaucoup de réformes. Avec l'aide de M. le marquis d'Audiffret que chacun d'eux avait trouvé et laissé à la tête de la comptabilité, les prédécesseurs de M. Lacave-Laplagne avaient successivement réduit autant qu'ils avaient pu le nombre des employés et les qualifications fastueuses. Pour donner à nos dépens plus d'argent, et comme dit M. Martin du Nord, plus de considération, M. Lacave-Laplagne a rétabli tout ce qu'on avait si lentement et si laborieusement réformé. Les commis en taillent plus de plumes, et les chefs en font plus gros dos. Mais les affaires n'en vont pas plus vite, et les lois qu'on prépare n'en valent pas mieux. Témoin celle des cautionnements présentée au commencement de cette année, loi si mauvaise que la commission chargée de son examen n'ose seulement pas en parler. Cela est tout naturel et doit arriver en toute affaire avec l'état de choses dont parle M. Martin du Nord, si cet état de choses est vrai, et s'il ne l'est pas, avec le système qu'il bâtit sur sa triste supposition. — Si ce n'est pas le travail et les sentiments honorables qui font la considération , si c'est l'argent , pourquoi travaillerait-on ? Il est bien plus facile de solliciter un ministre et de lui arracher dans un moment de faiblesse une augmentation de traitement.

Passons. J'en aurais trop à dire.

Le fait, dans les finances , est qu'en rapportant les ordonnancés de M. Laplagne, qui ont refait des directeurs-administrateurs, et ce qui s'en suit, on aurait rue de Rivoli, à beaucoup moins de frais, un meilleur travail.

Dans les départements , ce sont d'abord les receveurs-généraux et particuliers et les payeurs qui sont de trop. Des payeurs à côté de receveurs sont chose absurde, et même, en réunissant ces deux fonctions , il est incroyable que nul n'ait encore songé à les faire remplir par la Banque de France en renouvelant son privilége et lui accordant des comptoirs. Elle n'en aurait pas que, pour recueillir les versements des percepteurs et les faire passer à Paris, soit en deniers, soit en quittances, elle peut et doit, si on l'exige, se procurer dans toutes les villes, grandes et petites, de meilleurs correspondants que qui que ce soit. Un recouvrement à peu de frais est bien le moins qu'on ait le droit d'exiger d'elle pour le privilége régalien qu'on lui donne de battre monnaie. 361 receveurs et 85 payeurs se partagent (sans compter ceux de l'Algérie) 8,941,000 fr. par an. La Banque ferait facilement ce qu'ils font pour moins de moitié. Va-t-on me dire que la fortune et le crédit de ces individus sont utiles au gouvernement pour les avances qu'ils lui font ? Est-ce que la Banque de France n'en peut pas faire plus qu'eux ? Est-ce qu'elle n'en serait pas très-heureuse ? Est-ce que les leurs ne sont pas faites au moyen de fonds qui leur sont confiés dans leurs résidences , et dont l'absence y gêne et l'agriculture et l'industrie ? Et ne voit-on pas d'un coup-d'œil tout l'accroissement de capital circulant qui résulterait, au lieu de cette gêne régnant partout ailleurs qu'à Paris, de l'intervention continuelle de la Banque ?

La direction des contributions directes distribue 17,675,245 fr. à une armée de percepteurs, directeurs, inspecteurs, contrôleurs, etc., etc. Cela est nécessaire ; il n'y a rien à y reprendre. Mais la direction de l'enregistrement et des domaines paie de son côté, sans compter son état-major de la rue de Rivoli, 11,344,700 fr. à trois mille six cent trente personnes. Est-ce que cette direction et tout son monde sont indispensables ? Faire faire la besogne d'enregistrement par les employés des contributions directes, au moyen d'une légère augmentation, soit dans le personnel , soit dans les traitements , aurait deux avantages incontestables : 1° Celui de rendre plus facile au fisc une juste fixation de ses droits , puisque le prix des biens, et l'impôt dont ils sont frappés, se contrôleraient l'un l'autre en passant sous les mêmes yeux. 2° Celui de rendre claire et nette pour tous , au moyen d'une loi que j'indiquerai à la fin de cette lettre , non-seulement la valeur, mais aussi l'état hypothécaire de chaque propriété, et de faire ainsi que cette valeur soit à la fois et plus forte et d'une réalisation plus commode.

Les droits de timbre peuvent , d'un autre côté , se percevoir par les agents de toute nature des contributions indirectes , qui sont au nombre de huit mille huit cent quatre-vingt quinze, et ne manquent assurément nulle part. Enfin, la gestion des domaines, consistant la plupart en bois , devrait se fondre dans l'administration des forêts , qui emploie trois mille quatre cent vingt personnes. On ne conçoit pas même pourquoi il en est autrement.

Nous sauverions avec cette dispersion des travaux d'une administration inutile , entre trois autres , d'une part, les sept huitièmes peut-être des 11,344,700 fr. que j'ai dit plus haut qu'elle coûte ; de l'autre, la portion qui revient à son état-major dans les dépenses d'administration centrale Je procède , comme on voit , non par réduction de traitements comme a fait la commission , mais par suppression de personnes, et par amélioration du sort de celles qui restent, ainsi que le veut M. Odilon Barrot. J'entends d'ici des milliers de voix m'accuser de trancher trop dans le vif, de rejetter hors des emplois trop de fonctionnaires et de commis. Mais comment m'arrêterais-je à cela, moi qui pense que chaque homme rendu par l'administration publique à une profession privée quelconque , contribue par son travail à la formation de la fortune publique, pour une somme égale à celle qu'il lui coûtait ; que chaque traitement de 1,000 fr. inutile équivaut , supprimé , à un bénéfice de 2,000 fr. ?

Ce que M. Barrot a dit ces jours-ci des juges est encore plus vrai s'il est possible, des commis. Moins il y en aura, mais de bien payés, et mieux nos affaires seront faites.

Projet.

I.

L'administration de l'enregistrement et des domaines est supprimée. La perception des droits d'enregistrement est confiée à l'administration des contributions directes ; la perception du timbre à celle des contributions indirectes ; la garde des domaines et la perception de leurs produits à l'administration des forêts.

II.

Dans chaque chef-lieu *d'arrondissement* il sera établi un registre contenant les propriétés, leurs contributions, leurs hypothèques et leurs mutations. Ces dernières s'y feront par transferts que certifieront les notaires.

III.

Les juges de paix, tribunaux et notaires seront (ces derniers à peine d'amendes et de dommages-intérêts envers les parties lésées) obligés de signifier au dépositaire dudit registre les décès, testaments, partages, interdictions et tutelles, de telle sorte qu'aucune hypothèque légale ne puisse rester inconnue.

Que la commission nommée par M. le garde-des-sceaux, pour réformer s'il est possible la législation hypothécaire, accouche enfin d'un rapport tel qu'on peut l'attendre des hommes éminents qui la composent. Et pensez à l'effet de ce grand livre que je veux pareil à celui de la Dette publique, sur la valeur de toutes les propriétés du royaume !

CINQUIÈME LETTRE.

(28 mai 1846.)

Ministère des Finances. — Forêts.

Les forêts produisent fr. 38,727,000 et coûtent à garder et administrer fr. 5,433,500, c'est-à-dire 14 1/3 0/0. Elles se vendraient certainement sans peine au denier 25 de leur produit, ce qui donnerait un capital de fr. 968,175,000.

Notre dette flottante s'élèvera en 1847, suivant le rapport de la commission, à 758 millions. Qu'on fasse des règlements sévères, si ceux actuels ne le sont pas assez, sur l'exploitation des forêts par les particuliers. Qu'on soit intraitable, si l'on veut, contre leur défrichement. Mais qu'on les vende, ou pour éteindre notre dette flottante ou pour racheter les chemins de fer qui donneront plus que les forêts.

En 25 ans, dit-on, la plupart des propriétés changent de mains. Cela fait en droits d'enregistrement une cinquantaine de millions tous les 25 ans, ou par an 2 millions de recette, au lieu d'une dépense de 5,433,500 fr. Les places des chemins de fer serviront à employer les réformés des forêts. — C'est une chose importante que ce retour des chemins de fer à l'État, importante sous mille

rapports. Plus on y réfléchira, plus on le verra. L'Angleterre, qui a concédé les siens, n'est pas du tout, île qu'elle est, et avec ses énormes capitaux mobiliers, dans une position analogue à celle de la France. Il ne faut donc rien négliger pour les ravoir, dussionsnous, si les compagnies à qui on en a concédé ne veulent pas les rendre à prix raisonnable, faire aux frais de l'Etat des lignes rivales pour les obliger de céder.

Douanes et Contributions indirectes.

Le personnel des douanes est de 30.000 hommes, et coûte 26 millions, parce que beaucoup de droits trop forts excitent la fraude; mais le système de perception est bon. Nous aurons donc, avec des droits plus bas, besoin de dépenser moins, (et cet abaissement la force des choses l'amènera.

Il en va autrement des contributions indirectes : c'est le mode de perception qui est mauvais et qui nécessite 8,895 employés, coûtant entre eux 4 millions seulement de moins que les 30 mille hommes des douanes.

Au lieu d'entretenir ainsi des commis sur tous les points du royaume pour suivre la denrée, et vexer à chaque pas ceux qui y touchent, n'en ayons que sur les lieux de production. Qu'ils y prennent note de chaque quantité de vin produite, de chaque quantité brûlée. La fabrication du vin rend les inventaires facile. Qu'à l'instant, sauf déchet à fixer, chaque producteur soit débité sur le registre commun d'un droit qui ne puisse pas empêcher la consommation du vin, par exemple, de 4 ou 5 francs par hectolitre. Qu'il réponde d'un droit double, privilégié comme l'impôt foncier, s'il laisse sortir son vin sans exiger de celui à qui il livre la preuve qu'il est allé payer pour lui ; et que celui-ci, s'il fait le commerce en gros, puisse s'acquitter en bons à terme, convenablement garantis, et restituables s'il exporte, prolongeables s'il met en entrepôt, échangeables contre un autre bon si le vin est converti en esprit, ou s'il passe à un autre acheteur jugé aussi bon que le premier. Puis que ce droit une fois payé, le commerce en gros et en détail et la circulation et la consommation soient choses entièrement libres. Il ne nous faudra pas le quart de ce que nous payons de commis.

*Récapitulation des réformes que j'ai indiquées dans
les dépenses.*

1° Echange d'un et demi pris au 5 0/0, contre
annuités hypothécaires, ou bien contribution
sur la hausse qui résultera d'une déclaration
d'irremboursabilité du 5 0/0. . . . . . . 29,000,000.

2° Suppression de la direction de l'enregistrement et des domaines, 3/4 de ce que cette direction coûte. . . . . 9,000,000.

3° Remplacement par la Banque de France de
messieurs les payeurs et receveurs des finances, 1/2 de ce qu'ils coûtent. . . . . 4,500,000.

4° Changement du mode de perception des
droits sur les boissons, 3/4 de ce qu'il coûte. 16,000,000.

5° Suppression de l'administration des forêts. 5,500,000.

Ensemble. . 64,000,000.

SIXIÈME LETTRE.

(30 mai 1846.)

Budget des Recettes.

Voyons à présent si la commission des recettes n'aurait pas pu, la chambre des députés augmentant les dépenses au lieu de les rédui_re, trouver, soit dans des impôts, soit dans des mesures du moment, quelques ressources.

1° La contribution personnelle est une redevance de trois jours de travail, diversement évalués suivant les localités. Les employés, les ouvriers et les domestiques n'en paient point, à moins qu'ils ne soient propriétaires, et cela est juste : leur temps ne leur appartient pas ; il est à leur chef, à leur maître. Mais ce chef qui commande leur travail, qui compose en partie ses profits d'une différence entre ce qu'il le leur paie et ce qu'il lui vaut ; ce maître qui, dans beaucoup de classes, ne fait rien pendant qu'ils travaillent ; pourquoi n'a-t-on jamais pensé à faire payer l'impôt, par l'un, de ses ouvriers, par l'autre, de ses domestiques ? Puisque c'est lui qui a tout leur temps, il doit leurs trois jours à l'État. Une telle contribution n'empêcherait pas de se faire servir ; les produits manufacturiers n'en seraient pas sensiblement plus chers ; et qu'on fasse le calcul de ce qu'elle rendrait, on trouvera beaucoup de millions.

2° Il y a plusieurs articles de consommation dont l'usage s'accroît à mesure que l'aisance augmente, et qui sont d'autant plus faciles à taxer, sans trop multiplier les agents du fisc, que les manufactures ne s'en trouvent ni partout ni en très-grand nombre. Le savon, le papier, la verrerie, la faïence, la porcelaine, sont de ce nombre. Ils ont singulièrement baissé de prix depuis quelques années et ils redeviendraient un peu plus chers qu'on n'en consommerait pas moins. Nous pouvons trouver encore là une assez belle somme.

3° Si l'on vendait nos 900.000,000 de forêts, leurs mutations donneraient par la suite, année commune, au moins 2,000,000 de francs d'enregistrement.

Voilà trois sources constantes de revenus, et auxquelles il s'en joindrait bien d'autres, si l'on voulait penser plus qu'on ne fait à ce que rendraient, au profit de tous, nos douanes et nos contributions indirectes, par des droits moindres ou différents sur les fers , sur les bestiaux, sur les sucres, soit des colonies, soit de France.

En fait de ressources du moment, il s'en offrait une toute naturelle dans une circonstance dont M. le ministre des finances a été frappé , puisqu'il a bâti dessus un projet de loi. C'est que par suite de la paix et de l'accroissement des richesses , beaucoup de cautionnements sont devenus trop faibles pour les transactions et maniements dont ils répondent. La totalité des cautionnements monte à 233 millions , et si je suis bien informé , c'est à peu près d'un tiers de leur importance , ou d'environ 78 millions qu'ils devraient être l'un dans l'autre augmentés. Pourquoi ne s'être pas attaché à ce moyen de combler une partie de nos déficits ? Cet argent ne nous serait jamais redemandé. Car il y aura toujours des fonctionnaires qui , en se succédant , se rembourseront mutuellement leurs cautionnements. On a trouvé apparemment la chose trop simple. On a été chercher je ne sais où des combinaisons lourdes pour les fonctionnaires, dommageables pour le Trésor, bonnes seulement pour quelques hommes de bourse, et il en est résulté une loi mal digérée, mal présentée, qu'on est obligé de retirer.

J'ai eu l'honneur de vous dire, il y a quelques jours, qu'indépendamment des moyens de conversion dont je vous parlais pour les rentes , j'en avais proposé un tout facultatif pour les rentiers. Celui-là, je suis en mesure de le réaliser. Comme il est de nature à faire probablement rentrer d'ici à un an, dans le Trésor, 8 à 10 millions, je vous le ferai connaître dans ma prochaine lettre. Ce sera la dernière que vous aurez de moi sur le Budget.

SEPTIÈME LETTRE.

—

(1er Juin 1846.)

—

La conversion que j'ai demandé la permission de tenter ne ré-
duira de 1/2 qu'un dixième au plus de notre 5 0/0. Mais , outre
qu'elle n'exemptera pas le titre nouveau d'être encore réduit comme eux, si jamais ils finissent par l'être, elle ressortira d'une caisse
d'épargne nouvelle qui rendra elle-même un grand service à l'Etat
en détournant de l'ancienne caisse d'épargne une partie de ce qu'on
s'effraie d'y voir porter.

J'avais d'abord conçu cette idée dans l'intérêt de l'agriculture et
des pauvres. Avec ses produits, je demandais à doter une banque
qui eût prêté à des associations de travailleurs, dans les localités où
ses secours eussent été jugés le plus utiles, de quoi acheter de la
terre et de quoi l'améliorer. J'ai changé le but , parce que j'ai vu
que M. le ministre des finances ne se prêterait à rien que pour le
Trésor. Je ne m'étonne pas de ne le point voir prendre un parti. Il
doit avoir peur de parler rentes et de réveiller le chat qui dort.
Mais je ne puis comparer sans tristesse la prompte allure du minister
de 1816, dès qu'une idée utile lui fut offerte , avec l'inertie volontaire ou forcée du ministre actuel , à propos d'une idée meilleure
encore.

Voici en quels termes je la lui ai présentée :

» Monsieur le Ministre,

» En 1816 ou 1817, M. de Corvetto, qui avait votre portefeuille, permit à ma maison d'alors, B., G. et Cᵉ, de créer des certificats de rente au porteur, que le directeur du grand-livre contresignait, moyennant dépôt par nous au trésor de l'inscription de rente dont ils étaient la représentation fractionnée. Le seul intérêt de l'État à cette forme donnée par nous aux rentes, et que le trésor a fini par leur donner lui-même depuis notre retraite des affaires, était d'attirer sur les effets publics, par l'appât du secret et de la mobilité, un plus grand nombre de capitalistes.

» Je viens aujourd'hui, dans un autre but aussi intéressant pour la situation actuelle des finances que l'était, quand elles étaient pauvres, un moyen de caser des rentes, vous demander le même contre-seing du directeur du grand-livre, sur des certificats d'une autre forme que je voudrais présenter au public.

» Cette forme, c'est celle d'un modèle ci-après, indiquant une association, pour 25 ans, de mille certificats, dont trois ou cinq désignés par le sort toucheront chaque semestre la moitié de la part de tous, et qui, après avoir ainsi couru cinquante fois une chance de fortune, recevront cependant tous, au terme de l'association, la totalité de leurs intérêts, au moyen du remploi semestriel de la moitié réservée.

» Ce but, c'est de faire gagner au trésor, par l'appât d'une caisse d'épargne nouvelle, un demi pour cent d'intérêt par an sur une portion de la dette 5 pour cent, réduction qui n'empêchera pas le trésor de réduire encore cette portion autant que le reste de la dette, si jamais une conversion générale est enfin jugée opportune.

» Voici comment s'opérerait ma conversion partielle, toute volontaire, comme vous allez voir.

» Je commencerais par transférer au trésor 40,000 francs de rente, contre lesquels le directeur du grand-livre ne me contre-signerait que 36,000 en certificats. Les 4,000 de différence profiteraient au trésor. J'offrirais au public pour le prix de 41 francs de rente au plus ces certificats de 36 francs, qui m'en coûteraient 40. Je me réduirais même à 40 et demi, dès que l'affaire prendrait as-

sez de développement pour que ce demi pour cent suffît à payer
l'idée, le travail et les chances de perte que je courrais sur les associations incomplétement émises. A mesure de l'écoulement de
mes certificats, j'en demanderais de nouveaux. Nul autre que moi
ne serait admis à ces échanges.

» N'allez pas, monsieur le ministre, reculer devant ces tirages,
en les assimilant, dans votre esprit, à ceux d'une loterie ! La loterie
était une combinaison fiscale qui ruinait les pauvres tant en prenant
trop sur leurs mises qu'en les admettant trop petites. Ce que j'ai en
tête, c'est une tontine telle que vous en autorisez chaque jour. Seulement, dans les autres, c'est la mort, non un tirage, qui décide à
qui reviendront les mises de tous; or, un tirage n'est pas plus aléa-
toire que la mort.

» D'une part, des intérêts d'intérêts seront seuls risqués, et les gens
qui ont du superflu les risqueront seuls, puisque pour les risquer il
faudra en posséder le capital. De l'autre, les sommes que recevront
les certificats favorisés ne seront pas assez fortes pour démoraliser
en permettant l'oisiveté, et le seront assez pour servir l'industrie,
en composant des sommes productives de mille petits appoints qui,
se perdent en consommations. De plus je créerai mes certificats
sans condition d'amortissement ; la dotation des 5 p. 100 sera donc
réduite d'autant. Enfin l'Autriche, la Prusse, la Sardaigne, c'est-à-
dire trois États dont les constitutions sont antipathiques à la nôtre,
ont en circulation chez nous quelques effets que des chances de tirage font rechercher au dessus de leur valeur réelle par la portion de
nos petits capitalistes qui aime un peu d'émotion. Ils ne feront plus
ce bénéfice, que le trésor fera à leur place : c'est un avantage de
plus.

» Vous voyez, monsieur le ministre, quel bénéfice le trésor fera, si
je puis, en vendant beaucoup de certificats, réduire l'intérêt de beaucoup de rentes 5 p. 100. Or, j'ai lieu d'espérer qu'en quelques
temps j'irai à un dixième environ de la dette, et voici pourquoi :
c'est que, lorsqu'il y avait une loterie en France, il s'y mettait annuellement de 15 à 20 millions. Il y a ici à chaque semestre un tirage. Quoiqu'il n'admette que des intérêts, point de capital, comme
nous avons beaucoup plus de richesses qu'il y a dix ans, cet attrait
doit, ce me semble, suffire pour convertir une somme de rente égale
aux mises que je viens de vous dire. »

Modèle de Certificat. — *Associations de 36,000 francs de rente, ou 800,000 francs de capital.*

SÉRIE   N°

Le présent certificat, série (en toutes lettres), numéro (en toutes lettres), sera compris vingt-cinq ans dans les tirages qui auront lieu au ministère des finances les 22 mars et 22 septembre de chaque année, et donnera droit, chaque fois que son numéro sortira le   de sa série, à la somme de   fr.

Après vingt-cinq ans, il sera converti en une rente perpétuelle de 36 fr., en 4 et demi pour cent, capital 800 fr.

Le porteur recevra en même temps une inscription supplémentaire de rente de tout ce qu'auront produit en 25 ans 9 fr. replacés par semestre.

Toute réduction d'intérêt de la dette actuelle 5 pour cent sera applicable au présent certificat. Seulement, si les 5 pour cent ne sont réduits que par séries, les rentes mises en commun seront réduites de toutes.

Paris, le

Je soussigné, directeur du grand-livre de la dette publique de France, certifie que les 36,000 de rente dont le titre ci-dessus représente une fraction sont déposés au trésor public, pour la millième partie en être retransféré au porteur dans vingt-cinq ans.

Paris, le

(Il y aura d'autres associations de 72,000 et de 18,000 fr. de rente. Les chiffres ci-dessus seront seuls changés dans leurs certificats.)

GOUPY.

TABLE.

—

———

www.ingramcontent.com/pod-product-compliance
Ingram Content Group UK Ltd.
Pitfield, Milton Keynes, MK11 3LW, UK
UKHW022239070726
13613UKWH00005B/2014